AF322427

INSTRUCTION DU 4 DÉCEMBRE 1894

SUR

LE CONTROLE ET L'INSPECTION

DE LA VIANDE

DESTINÉE A L'ALIMENTATION DES TROUPES

(Extrait du *Bulletin officiel*, partie réglementaire, année 1894.)

PARIS	LIMOGES
11, PLACE SAINT-ANDRÉ-DES-ARTS.	46, NOUVELLE ROUTE D'AIXE, 46.

HENRI CHARLES-LAVAUZELLE

Éditeur militaire.

1894

BULLETIN OFFICIEL

DU

MINISTÈRE DE LA GUERRE.

<table>
<tr><td>1894.</td><td>PARTIE RÉGLEMENTAIRE.</td><td>N° 56.</td></tr>
</table>

SOMMAIRE.

N° 438. *Instruction sur le contrôle et l'inspection de la viande destinée à l'alimentation des troupes.* (D. Serv. adm.; Subsistances militaires.)

Paris, le 4 décembre 1894.

Dispositions générales sur l'inspection et le contrôle de la viande destinée aux troupes. — Dans les corps de troupe, la fourniture de la viande, en temps de paix, est assurée, soit par la commission des ordinaires, soit directement par les capitaines ou commandants d'unités, selon les ordres donnés par le chef de corps, d'après les instructions du commandement.

La composition des commissions, les attributions des membres qui en font partie, sont déterminées par un règlement spécial (1). Le médecin chef de service, membre de la commission avec voix consultative, doit être convoqué à toutes les réunions de la commission; dans les troupes à cheval, le vétérinaire chef de service est également membre consultatif et doit être convoqué comme le médecin (2).

Dans les casernes ou quartiers, il sera mis à la disposition de chacune des commissions d'ordinaire ou des commandants d'unité, au fur et à mesure que les ressources du casernement le permettront, un local spécial dit « boucherie » affecté aux opérations de réception, d'examen, et, s'il y a lieu, de dépeçage et de répartition de la viande, ainsi qu'à l'emmagasinement des parties qui ne doivent pas être employées immédiatement à la préparation des repas (3).

---

(1) Règlement sur la gestion des ordinaires, (23 octobre 1887.)
(2) Modification à l'article 10 du règlement.
(3) Modification à l'article 35 du règlement.

Quel que soit le mode de fourniture, aucun quartier ou morceau débité ne peut être admis dans les cuisines avant d'avoir été examiné dans la boucherie.

Lorsque la gestion de la commission s'étend à la fourniture de la viande, l'examen de la viande livrée est passé dans la boucherie soit par un médecin, ou (dans les troupes à cheval) par le vétérinaire, membre de la commission, ou par un membre délégué de cette commission.

Lorsque de petites unités se procurent la viande par des achats effectués directement, le chef de corps fixe l'heure à laquelle la viande ainsi achetée doit être déposée chaque jour à la boucherie pour y être examinée avant d'être remise aux cuisiniers. L'examen en est fait soit par un médecin ou un vétérinaire, soit par le chef de bataillon de semaine, soit par tout autre officier désigné par le chef de corps ou de détachement.

Si l'officier chargé de la visite de la viande a des doutes sur la qualité de celle-ci, il rend compte immédiatement au chef de corps ou de détachement; dans ce cas, le médecin (et le vétérinaire dans les troupes à cheval) doivent toujours être appelés à se prononcer.

Lorsque l'importance de la fourniture comporte la livraison de bêtes entières ou de quartiers entiers, il est organisé un service de contrôle et d'inspection chargé de la reconnaissance et de l'examen des animaux sur pied et abattus.

Ce service, confié à un vétérinaire ou, à défaut, à un médecin militaire de la garnison, est assuré dans les abattoirs mêmes, ou, en cas d'impossibilité, à l'intérieur des casernes et quartiers.

Les mesures de détail relatives à l'exécution du service sont réglées, dans chaque garnison, par le commandement, suivant les circonstances particulières locales.

La constatation de l'examen est assurée par le marquage des animaux sur pied et l'estampillage de la viande abattue.

Les officiers de distribution ne doivent autoriser le découpage de la viande, pour la répartition entre les parties prenantes isolées, qu'après avoir vérifié que les quartiers de viande ou les demi-bêtes sont revêtus des estampilles servant à constater qu'ils ont été contrôlés et inspectés conformément aux prescriptions de la présente instruction.

Tout quartier de viande ou toute demi-bête non revêtu, d'une façon très apparente, de l'estampille d'admission, devra être rigoureusement refusé. Il en sera de même si la date remonte à plus de trois jours en hiver ou plus de deux jours en été.

Il est bien entendu, d'ailleurs, que les droits et les devoirs ordinaires des officiers de distributions demeurent entiers en ce qui touche les altérations qui auraient pu survenir postérieurement à l'estampillage.

Les officiers de distribution doivent assister au découpage de la viande et ne s'éloigner qu'après achèvement complet de la distribution aux parties prenantes.

Ils veillent à ce que le découpage ait lieu exclusivement à l'aide de la scie et du couteau.

Marquage des animaux avant abat. — Les animaux reconnus, avant abat, propres à fournir la viande destinée à l'alimentation des troupes, sont marqués d'un signe apparent à une corne ou à un pied de devant. On peut employer, pour apposer cette marque, le fer rouge, le plombage ou tout autre procédé fournissant des indications certaines et indélébiles.

Estampillage des quartiers ou des demi-bêtes après abat. — Les quartiers de viande ou les demi-bêtes provenant des animaux reconnus, après abat, définitivement propres à la consommation, sont estampillés à l'aide d'un timbre humide en deux endroits au moins, dont un proche du point habituellement usité pour placer le crochet de suspension.

Il en sera de même pour les quartiers de viande ou les demi-bêtes examinés dans les casernes ou quartiers, lorsque cet examen n'a pas lieu à l'abattoir.

Le timbre humide employé pour l'estampillage aura 5 centimètres environ de diamètre. Il portera en exergue le nom de la place ou de la ville de garnison, et les mots « Alimentation des troupes ». Les chiffres mobiles, placés au centre du timbre formant composteur, permettront d'indiquer la date du jour de l'admission et le mois.

On pourra, pour l'estampillage, utiliser le mélange suivant, préconisé par M. Villain, inspecteur du service des viandes à Paris :

Couleur (rouge ou bleue) d'aniline..... 40 parties.
Alcool à 90°......................... 150 —
Glycérine .... 40 —
Eau distillée........................ Quantité suffisante.

Registre de visite. — Le vétérinaire ou le médecin chargé du service tient un registre de visite coté et paraphé par le sous-intendant militaire, sur lequel il inscrit à la date voulue : l'espèce et le nombre des animaux marqués, la nature et le nombre des quartiers de viande estampillés, ainsi que le nom du fournisseur ou de l'entrepreneur et la désignation du corps de troupe auquel la viande est destinée.

Lorsque la visite a lieu à l'abattoir, des extraits de ce registre peuvent être pris par les corps de troupe qui jugeraient opportun de faire accompagner la viande depuis l'abattoir jusqu'à leur caserne ou quartier.

Dépôt des marques, timbres et registres. — L'appareil destiné à marquer les animaux sur pied, ainsi que le timbre humide pour l'estampillage, seront renfermés dans une boîte déposée à l'abattoir ou bien au corps de garde, et dont le vétérinaire ou le médecin chargé du service aura seul la clef.

Le registre de visite est déposé au même endroit.

Ces marques, timbres et registres seront fournis par les soins du dépôt des modèles, et les demandes, centralisées par chaque directeur du service de l'intendance de la région, seront adressées à M. le sous-intendant militaire, directeur du dépôt des modèles, à l'hôtel des Invalides à Paris.

Ces objets seront ensuite compris dans les comptes de l'officier d'administration comptable de la gestion à laquelle chaque place est rattachée.

Devoirs spéciaux des vétérinaires. — Les vétérinaires devront se conformer aux prescriptions de l'article 3 de la loi du 21 juillet 1881, en ce qui concerne les déclarations à faire à la mairie dans les cas prévus à l'article 1er de ladite loi et à l'article 1er du décret du 28 juillet 1888, relatif à la police sanitaire.

ANNEXE.

Instructions techniques pour la reconnaissance et l'examen de la viande sur pied et abattue.

---

§ 1er. — *Dispositions générales.*

La fourniture de la viande peut, suivant les circonstances, exiger la livraison d'une bête entière, ou ne comporter seulement que la livraison de morceaux débités.

Dans le premier cas, l'officier chargé de l'inspection devra toujours examiner l'animal avant et après l'abat ; il examinera également les organes de l'animal abattu. Dans le second cas, il ne peut être question que de l'examen de la qualité de la viande présentée ; mais, s'il est possible, on ne devra pas négliger de se faire montrer la bête dont proviennent les morceaux et d'examiner ses organes.

Examen des animaux vivants. — Les animaux sont examinés d'abord sur pied, c'est-à-dire vivants, dans le but d'apprécier leur conformation générale, leur état convenable de chair et leur bon état de santé. Cet examen est celui qui fournit les meilleures indications générales.

Examen des animaux abattus. — Ces mêmes animaux sont examinés ensuite après abatage pour contrôler les premières indications et s'assurer définitivement de la qualité et de la salubrité de la viande.

L'examen doit avoir lieu après refroidissement et raffermissement des chairs ; toutefois, certaines circonstances peuvent nécessiter que cet examen ait lieu plus tôt et aussitôt après la préparation et l'habillage de la bête ; il sera bon de ne pas oublier, alors, que la viande chaude est moins ferme et plus odorante que celle qui est complètement refroidie.

La bête à examiner doit être présentée séparée en deux parties, sauf au cou, de manière que la peau reste adhérente au sommet de la tête, afin de pouvoir constater son identité avec celle précédemment examinée vivante.

Tous les organes thoraciques et abdominaux, à l'exception des intestins, — sauf pour le porc, dont l'intestin pourrait contenir des points ladriques, et que, par suite, il y a intérêt à examiner, — doivent être adhérents à la trachée, et par elle à la tête ; la plèvre pariétale doit couvrir intégralement la face interne des côtes. Toute tentative d'enlèvement, même partiel, doit entraîner le rejet absolu de l'animal, sans autre examen.

Examen de la viande par quartiers. — L'examen direct de la viande par quartiers permet également de se prononcer avec assez de sécurité sur la qualité et sur la salubrité. Mais les conclusions à en tirer ne présentent évidemment pas le même degré de certitude.

Il en est de même, à fortiori, pour l'examen des morceaux découpés examinés isolément.

§ 2. — *Animaux acceptés pour l'alimentation des troupes.*

Espèces diverses. — Les animaux fournissant habituellement la viande pour l'alimentation des troupes sont le bœuf et la vache.

Dans le but de varier l'alimentation, on y joint le plus souvent possible : le veau, le mouton et le porc.

Quant au cheval, au taureau, au bélier, au bouc, à la chèvre et au verrat, ainsi qu'au porc monorchide ou cryptorchide, ils doivent être rigoureusement écartés.

Les animaux doivent être adultes et les mâles avoir été émasculés depuis plus de six mois. Tous doivent être de conformation régulière, parfaitement sains et en bon état de chair.

Conditions d'âge. — De plus, les animaux doivent remplir les conditions d'âge ci-après et la préférence doit être donnée à ceux d'âge moyen :

Le veau doit avoir plus de six semaines ;
Le bœuf et la vache plus de trois ans et moins de dix ;
Le mouton plus de deux ans et moins de six ;

Pour le porc, la constatation de l'âge est assez difficile ; mais l'intérêt même des éleveurs est de tuer les porcs au bout d'un an.

§ 3. — *Signes généraux distinctifs de l'âge.*

Caractères de la jeunesse. — La jeunesse se traduit par la physionomie éveillée et l'allure générale alerte de l'animal, un nombre plus ou moins considérable de dents de lait non encore remplacées, l'aspect et la fraîcheur des cornes, qui sont courtes et plus ou moins dépourvues de cercles ou sillons.

Caractères de la vieillesse. — La régularité et l'harmonie des formes sont plus ou moins rompues ; la démarche est lente, la physionomie peu expressive ; les dents sont branlantes et à l'état de chicots ; les cornes portent de nombreux cercles ou sillons ; les onglons sont longs et chevauchent l'un sur l'autre ; les ergots sont contournés ; la peau est sèche et comme adhérente aux parties sous-jacentes.

Veau. — La bouche du veau n'est faite qu'à six semaines ; à cet âge, les incisives sont mises ; le palais, la langue et les gencives ont acquis une coloration uniformément blanchâtre.

Bovidés. — Les dents de lait subsistent jusqu'à dix-huit mois ; à partir de cet âge, les dents de remplacement font successivement éruption. De dix-huit à vingt-quatre mois, chute des pinces et nivellement des coins de lait.

De deux ans à trois ans, remplacement des premières mitoyennes.

De trois à quatre ans, remplacement des secondes mitoyennes.

De quatre à cinq ans, remplacement des coins.

De cinq à six ans, les incisives sont au rond, les pinces moins élevées que les mitoyennes.

De six à sept ans, rasement des premières mitoyennes, commencement d'usure des secondes mitoyennes et nivellement de l'avale des pinces.

De sept à huit ans, rasement des secondes mitoyennes, nivellement des pinces, achèvement de celui des premières mitoyennes.

De huit à neuf ans, rasement des coins; la table des pinces et des premières mitoyennes commence à présenter une concavité.

De neuf à dix ans, nivellement complet des pinces, concavité des mitoyennes, changement de forme des pinces et apparition sur leur table de l'étoile dentaire; la mâchoire est au ras, les dents commencent à s'écarter.

Ovidés. — De quinze à dix-huit mois, les pinces de remplacement émergent; on les reconnaît à leur largeur et à leur évasement.

De deux ans à deux ans et demi, les premières mitoyennes font leur éruption.

De deux ans et demi à trois ans et demi, les secondes mitoyennes sortent des alvéoles.

De trois ans et demi à quatre ans et demi, éruption des coins de remplacement.

A cinq ans, l'arcade incisive est au rond.

A partir de cet âge, le rasement commence, mais il est trop irrégulier pour donner aucune indication probante.

Suidés. — Les coins de la mâchoire inférieure tombent vers six mois; le crochet (défense) apparaît vers le huitième mois; la nouvelle dentition est complète à deux ans.

Les incisives ont la forme de chevilles; à l'encontre de ce qui a lieu chez les bovidés et chez et les ovidés, le remplacement des incisives, au lieu de commencer au centre par les pinces pour finir par les coins, débute par les coins, se continue par les pinces et se termine par les mitoyennes.

§ 4. — *Caractères généraux de l'animal vivant.*

Bonne conformation. — La bonne conformation résulte d'un ensemble harmonieux des formes dans les diverses régions. Elle indique un bon rendement en viande, le plus souvent aussi un bon état de santé et un âge peu avancé, car la vieillesse entraîne toujours des déformations plus ou moins accusées.

Bon état de chair. — L'état de chair doit être suffisant pour autoriser l'acceptation des animaux; il est toujours plus prononcé chez le mâle que chez la femelle.

Un bon état de chair se caractérise :

Chez les bovidés, par un développement musculaire convenable, par un peu de graisse de couverture sur les côtes et par l'apparition des maniements du grasset et de la base de la queue;

Chez les ovidés, par la largeur et la rondeur du dessus, par le maniement du cimier (base de la queue);

Chez les suidés, par l'absence de saillies osseuses et par la présence d'une couche superficielle de lard ferme et élastique; un lard mou indique toujours une qualité inférieure de l'animal.

Bon état de santé. — L'état de santé se caractérise par une marche aisée, une physionomie éveillée, un œil ouvert et brillant, une conjonctive colorée, un mufle frais, un peu luisant et souple, un poil lisse et lustré, une colonne vertébrale légèrement flexible, une rumination régulière et active. Chez la vache, on ne devra constater aucun écoulement par la vulve. Chez le porc, la peau devra être rosée, exempte de taches sanguines, surtout au pourtour des oreilles, aux fesses, sous le ventre et entre les membres.

Etat de maladie. — L'état de maladie se dénonce par une attitude pénible et comme embarrassée, une physionomie triste, des yeux ternes, sans expression et quelquefois larmoyants. Le mufle est sec, avec ou sans écoulement par les naseaux, la bouche chaude et souvent baveuse ; la peau sèche et chaude manque de souplesse, le poil est terne.

La colonne vertébrale est voussée en contre-haut ou trop sensible; on remarque souvent de l'empâtement et un peu de météorisation dans le flanc gauche. Il y a parfois de la plainte ou de la toux. La rumination est irrégulière et interrompue.

Un écoulement par la vulve chez la vache, une queue salie et gluante indiquent une parturition récente ou la non-délivrance. Des engorgements œdémateux sous la gorge ou sous la poitrine, chez le bœuf, la vache et le mouton, sont toujours des indices morbides. Des taches rouges ou violacées chez le porc, des grognements plaintifs, indiquent des maladies fébriles.

§ 5. — *Caractères généraux de l'animal abattu.*

Tout animal qui ne présenterait pas la rigidité cadavérique, douze heures, au maximum, après l'abatage, doit être refusé.

Animal sacrifié en bonne santé. — Lorsque l'animal a été sacrifié en bonne santé et sans précipitation, lorsqu'il a été préparé avec soin, l'aspect général est séduisant. On ne constate extérieurement ni taches sanguines, ni arborisations vasculaires, ni infiltrations.

L'humidité naturelle de la viande, manifeste avant son refroidissement, diminue assez rapidement par l'évaporation.

Les muscles peaussiers sont d'un rouge vif, plus pâles si les animaux sont jeunes.

Le tissu musculaire est de teinte uniforme pour les mêmes groupes de muscles; il est ferme, d'un beau rouge et exempt de sérosités.

L'incision faite dans les muscles de l'animal récemment abattu donne une coloration rouge violacée qui, au contact de l'air, après refroidissement, passe rapidement au rouge vif.

Le jus qui s'écoule est d'un beau rouge et présente une réaction légèrement acide.

Le tissu cellulaire, très blanc, est sans infiltrations. La graisse de couverture, de même que celle qui entoure les rognons et celle qui tapisse l'intérieur du bassin, est ferme, de couleur blanc rose ou légèrement jaunâtre, suivant les races.

C'est dans le bassin et dans les interstices des apophyses épineuses des vertèbres dorsales que l'on peut mieux apprécier l'état de consistance de la graisse, qui doit être ferme à la fois et onctueuse au toucher.

La section de la colonne vertébrale est nette, d'un rouge vif ou rosé, sans tache de sang ni infiltrations. Les séreuses, plèvres et péritoines sont transparents et laissent apercevoir les muscles sous-jacents; leur examen attentif, aussi bien que celui des viscères, doit toujours précéder celui de la viande. Si les viscères sont sains, il en sera presque toujours de même pour la viande : si l'on y remarque au contraire des lésions plus ou moins étendues, la viande présentera, le plus souvent, elle aussi, des avaries susceptibles de la rendre inacceptable ou même dangereuse.

Les ouvertures des veines sont exsangues, et la pression exercée sur leur trajet ne fait sortir ni sang ni caillot; le tissu cellulaire qui les entoure est blanc, sans sugillations.

Chez les animaux adultes, les os sont blanc jaunâtre et leurs épiphyses soudées ; chez les animaux en voie de développement, ils sont plus rouges et leurs épiphyses sont encore réunies au corps de l'os par une substance cartilagineuse.

La moelle des os est ferme et compacte au point que le doigt ne peut l'entamer.

Les ganglions lymphatiques sont blanc grisâtre, sans nodosités et sans infiltrations périphériques.

Animal sacrifié en état de maladie. — Lorsque l'animal est sacrifié en état de maladie, avec précipitation ou par des gens étrangers à la profession de boucher, et habillé dans de mauvaises conditions d'installation, l'aspect général est peu séduisant. On constate souvent de nombreux signes certains qui ne laissent alors aucun doute sur l'état de maladie. La saignée est parfois irrégulière; des ecchymoses, des arborisations, des infiltrations, se montrent un peu partout. Le tissu musculaire a une teinte blafarde peu uniforme, d'un brun noirâtre ou d'un gris terne.

La viande, sans fermeté, est gommeuse et collante aux doigts. La section des faisceaux musculaires donne des reflets indécis, ternes, si l'état fébrile s'est prolongé ; les muscles passent rapidement, au contact de l'air, à la couleur saumonée ou de viande cuite. Il est bon, cependant, de ne pas oublier que, par les temps humides, la chair des animaux sains eux-mêmes reste souvent molle et blafarde.

Le suc musculaire est en plus grande abondance; il coule à terre à la moindre incision ; il est pâle et présente souvent une réaction légèrement alcaline.

Parfois, la viande répand une odeur dite de fièvre, analogue à celle de l'haleine des fébricitants. Cette odeur est plus particulièrement perceptible en incisant les muscles du dessous de l'épaule ou de la face interne de la cuisse. Souvent aussi, la viande accuse l'odeur spéciale des médicaments qui ont été ingérés par l'animal au cours de la maladie : éther, chloroforme, ammoniaque, assafœtida, camphre, etc...

Dans l'épaisseur des muscles, on trouve quelquefois des points hémorragiques.

Le tissu cellulaire est de couleur sale et infiltrée; celui qui entoure les gros vaisseaux est injecté.

La graisse est également injectée; elle est fluide ou pulvérulente et a perdu son caractère onctueux.

Les séreuses sont ternes, sales, livides et comme imbibées; elles sont parfois recouvertes de tubercules et de fausses membranes.

En pressant sur le trajet des gros vaisseaux, on fait sourdre du sang et même des caillots, ce qui prouve que la bête a été mal saignée et sacrifiée in extremis.

Des ecchymoses, des infiltrations dans le bassin, indiquent toujours un part laborieux qui a entraîné le sacrifice de l'animal.

Les os sont plus rouges qu'à l'état normal et leur moelle est fluide, sans consistance.

La section des vertèbres manque de netteté; la coupe en est terreuse et presque noire.

Les ganglions lymphatiques sont plus ou moins atteints, volumineux, engorgés, tachés de noir et entourés d'infiltrations séreuses.

§ 6. — *Caractères différentiels des viandes saines.*

Les caractères des viandes saines, tels qu'ils sont indiqués ci-après, doivent permettre de reconnaitre, d'une part, la qualité des viandes à admettre (bœuf, vache, veau, mouton et porc), et, d'autre part, la nature des viandes qui, quoique saines, sont à rejeter (cheval, taureau, bélier, bouc, chèvre, verrat).

Bœuf. — La coloration de la viande varie du rouge clair au rouge brun, suivant l'âge, la race et le mode de nourriture. Toutefois, une viande de bonne qualité doit, à la coupe, être d'un rouge franc et laisser suinter un liquide rosé.

La fibre musculaire doit être fine, ferme, parsemée de graisse ou persillée. Le gras de couverture doit être brillant et plus foncé que la graisse interne. La moelle des os doit être ferme et grenue, de couleur analogue à celle de la graisse de l'animal. Les aponévroses sont minces, nacrées et transparentes.

Cheval. — La viande de cheval a une couleur rouge brun plus ou moins foncé, prenant assez promptement, au contact de l'air, une teinte rouillée ou de terre de Sienne. Aux surfaces articulaires, la couleur est rose ou légèment blanc nacré. Lorsque la viande provient d'animaux étiques, maigres ou consumés par la fièvre ou la maladie, elle a une couleur rouge particulière qui fait dire qu'elle est animée.

La consistance est ferme et même dure chez les sujets adultes, molle et gluante chez les animaux âgés et fatigués; la fibre musculaire manque de ténacité; elle est plus friable que celle du bœuf et se dissocie avec une grande facilité. Si l'on malaxe dans la main un morceau de viande fraîche, celle-ci adhère fortement aux doigts et se réduit presque en bouillie.

La coupe est résistante, à grain grossier, léger, aplati, non persillée. La surface de la section révèle une fibre luisante et comme vernissée, oléagineuse; barbouillée avec du sang frais, la surface de la section prend rapidement et d'une manière accentuée la teinte rouillée ou de terre de Sienne; si l'on place du papier buvard sur les parties nouvellement incisées, il est maculé de nombreuses taches huileuses, ce qui ne se produit pas avec la viande de bœuf.

L'odeur, peu sensible chez les sujets en bon état, rappelle celle de palefrenier ou d'écurie chez les chevaux maigres ou fatigués; on rend l'odeur plus sensible en mettant la viande hachée dans une éprouvette, en versant dessus de l'acide sulfurique concentré, et en agitant avec une baguette.

La graisse de couverture fait ordinairement défaut et est remplacée par le nacré des enveloppes aponévrotiques. La graisse intérieure est le plus ordinairement jaunâtre, huileuse, souvent d'aspect muqueux, colloïde et d'odeur *sui generis.*

Les fibres musculaires sont longues, larges et réunies par un tissu cellulaire condensé; elles donnent un grain moins grossier à la vue et présentent au toucher une certaine élasticité.

Les os du cheval sont moins épais que ceux du bœuf. A la cuisson, qui est très lente, la viande donne un bouillon pâle; elle devient ferme, compacte et diminue beaucoup de volume.

Ces caractères s'appliquent, d'une manière générale, à la viande de mulet et à celle de l'âne. La chair de ce dernier se rapproche plus de celle du veau ou du porc que de celle du bœuf.

Vache. — La viande de vache, à qualité égale, ne diffère de celle du bœuf que par un développement moindre des muscles. La fibre musculaire est plus fine, la tranche moins épaisse; la graisse des rognons est moins onctueuse et se pulvérise légèrement sous les doigts.

La vache ne se caractérise sûrement que si l'on peut trouver l'emplacement des mamelles. Chez les bêtes qui n'ont pas encore porté, ces organes restent sur l'animal et y forment un gras fin et soyeux sur lequel les bouchers font parfois des incisions quadrillées, qui ne peuvent, d'ailleurs, tromper qu'un œil fort peu expérimenté. Si les mamelles, au contraire, sont gorgées de lait, on les enlève et leur ablation se traduit par une cavité appréciable.

Taureau. — Les formes du taureau sont plus épaisses et plus massives, l'aspect nacré gris bleuâtre des aponévroses est plus prononcé. La coupe donne une tranche rugueuse, d'un rouge brun clair. La graisse est sèche, d'un blanc mat ou légèrement rosé et disposée par îlots. La viande dégage une odeur *sui generis.*

Le taureau au repos depuis quelque temps et bien nourri peut acquérir une couche de graisse de couverture qui lui donne l'apparence d'un bœuf de première qualité.

Le volume du corps caverneux du pénis est double de celui du bœuf, ses muscles ischio-caverneux ont acquis un grand développement.

Le trajet inguinal renferme un moignon de cordon dont le volume permet de reconnaître si l'animal a subi une castration tardive.

Veau. — La viande de veau n'a pas de couleur bien déterminée, celle-ci variant avec le mode de nourriture suivi. Les veaux, nourris au lait et aux œufs, ont une chair naturellement plus blanche; ceux nourris avec des farineux ou des racines ont une chair présentant une coloration rouge plus ou moins foncée.

Mouton. — La viande de mouton est d'un rouge légèrement brunâtre. La graisse est blanche, répandue en couverture et autour des rognons; elle ne filtre jamais dans l'épaisseur des muscles.

Le peaucier est ordinairement très développé et se dessine sur le dos en lignes ou zébrures.

Le mouton se distingue facilement de la brebis par l'inspection du scrotum. Chez le mâle, on constate la présence soit des testicules atrophiées, soit d'un amas lobulé de graisse. Chez la femelle, cette graisse est lisse et non lobulée.

La chair du bélier se reconnaît facilement à la forte odeur toute particulière qu'elle dégage.

Chèvre. — La chèvre porte sa graisse à l'intérieur, agglomérée autour des rognons.

Sa conformation diffère essentiellement de celle du mouton. Elle a les jambes postérieures plus longues, les extrémités plus déliées, le gigot plus droit. La poitrine est haute, le thorax aplati dans le sens latéral. Les apophyses des vertèbres dorsales sont saillantes; le cou est long et frêle.

Le peaucier est d'une intensité de couleur remarquable.

Les muscles sont très rouges.

Certains moutons d'Algérie ont une conformation se rapprochant beaucoup de celle de la chèvre; le seul moyen de n'être pas trompé est d'exiger que les pieds restent adhérents aux membres.

Porc. — La viande de porc a une couleur rose, se rapprochant beaucoup de celle du veau; néanmoins, elle revêt divers tons selon les régions examinées, certaines d'entre elles étant naturellement décolorées.

Le tissu musculaire du porc est d'un grain plus serré que celui du veau; la section en est sèche.

Sur de faibles morceaux de muscles, on reconnaîtra le porc à la grande friabilité de ses fibres; celles du veau sont plus résistantes.

La chair de la truie est brune et flasque; sa graisse est peu consistante, surtout après une mise-bas récente.

La chair du verrat est d'un brun violacé; elle exhale, surtout si l'animal a été tué à un certain âge, une odeur puante qui se répand au loin.

§ 7. — *Caractères généraux et différentiels des viandes malsaines.*

Caractères généraux. — Toutes les maladies qui sont accompagnées d'une fièvre intense et qui ont dans l'organisme un retentissement suffisant pour y produire des altérations plus ou moins sensibles doivent être considérées comme une cause de rejet de la viande.

La viande des animaux abattus en cours de péripneumonie n'est pas considérée comme insalubre; elle pourra être consommée si l'animal n'est pas trop maigre et si sa chair ne reste pas trop molle et comme gélatineuse après refroidissement.

La bronchite vermineuse, les échinocoques du poumon, l'actinomycose, l'adénie et la leucémie n'entraînent le rejet que si l'animal est en mauvais état général.

Il peut exister dans les poumons ou dans le foie certaines lésions qui, quoique présentant une réelle importance, n'ont pas eu pour effet d'altérer la viande; celle-ci par suite ne sera pas rejetée.

La présence de quelques tubercules dans les poumons, de séquestres plus ou moins volumineux, ne doit pas être une cause absolue du rejet de la viande.

Les pétatites suivies d'ictères, l'ascite accompagnée de maigreur ou d'infiltration, la cachexie aqueuse, l'anémie et l'hématurie entraînent le plus souvent le rejet de la viande. La rupture de la vessie l'entraîne toujours, ainsi que l'asphyxie, la métrite, les affections septiques, charbonneuses ou gangreneuses.

Les viandes malsaines et qui comme telles doivent être absolument rejetées de la consommation ont été groupées en six classes par M. Villain, inspecteur du service des viandes à Paris :

1° *Viandes gélatineuses*. — Outre les viandes qui restent molles après refroidissement par suite de l'état de maladie du sujet, on comprend sous cette dénomination les viandes provenant d'animaux trop jeunes.

Les tissus sont alors flasques et comme gélatineux. La graisse, peu abondante, est grisâtre ou même bistrée, grenue et nullement onctueuse. Les rognons sont foncés en couleur d'un brun verdâtre ou violacé. Les articulations sont volumineuses ; les cartilages des côtes sternales mous et flexibles. La moelle des os est sans consistance, boueuse et d'un rouge intense ; leurs épiphyses sont sans adhérence.

2° *Viandes maigres*. — La maigreur peut être pathologique ou physiologique.

Dans le premier cas, le rejet est surtout prononcé à cause de la maladie même dont la maigreur n'est qu'une conséquence.

Dans le second cas, il n'y a lieu à rejet que si la maigreur est très prononcée et diminue le rendement en viande d'une façon assez notable pour que le poids des os atteigne 35 à 40 p. 100 du poids total.

3° *Viandes fiévreuses et médicamentées*. — Le tissu musculaire des viandes fiévreuses est décoloré, d'un gris terne ; le jus augmenté est fluide et coule à terre à la moindre incision.

Le tissu cellulaire présente un fin réseau de capillaires gorgées de sang et d'infiltrations séro-sanguinolentes.

Les ganglions, la graisse de couverture et la graisse intérieure sont injectés par places.

Les séreuses (plèvres et péritoine) sont imbibées et livides.

La viande répand une odeur caractéristique qu'il faut bien se garder, d'ailleurs, de confondre avec l'odeur particulière de la chair pantelante, dite odeur de chaud.

Les viandes asphyxiques, apoplectiques ou météoriques, ont une coloration rouge brun ; le tissu cellulaire est vascularisé, la section des os spongieux, du rachis notamment, est noirâtre ; les séreuses sont ternes, marbrées d'ecchymoses, les vaisseaux sont gorgés d'un sang noir rougissant à l'air.

Chez le porc asphyxique, les plèvres et les reins sont violacés ; le lard est d'un rouge sombre et piqué ; la viande, qui a perdu son éclat, a une teinte très foncée et présente des marbrures.

La viande des animaux météoriques est colorée, ferme et répand parfois une odeur excrémentitielle.

Les viandes urineuses, aussi bien que celles répandant une odeur médicamenteuse quelconque, doivent être rejetées avec le plus grand soin. L'odeur dite de *relent*, premier signe de la putréfaction, doit également entraîner le rejet.

4° *Viandes virulentes*. — Ces viandes présentent au plus haut point les caractères des viandes fiévreuses, sauf dans la majorité des cas de tuberculose.

Les viandes provenant d'animaux tuberculeux ne sont expressément exclues de la consommation que dans les cas suivants :

1° Si les lésions sont généralisées, c'est-à-dire non localisées dans les organes viscéraux et leurs ganglions lymphatiques;

2° Si les lésions, bien que localisées, ont envahi la plus grande partie d'un viscère ou se traduisent par une éruption sur les parois de la poitrine ou de la cavité abdominale.

Toutefois, on devra se montrer extrêmement prudent avant d'accepter comme propre à la consommationla viande provenant d'un animal reconnu tuberculeux à un degré moins avancé.

Les viandes charbonneuses dégagent une légère odeur ammoniacale ; la graisse est injectée ; les interstices musculaires présentent des taches noirâtres ; il y a des suffusions sanguines, des ecchymoses, de la congestion et de l'hypertrophie des ganglions. Les muscles, un peu mous, sont brun rouge pâle, parfois un peu jaunâtres, à l'aspect lavé. Le sang, noirâtre, poisseux, reste liquide dans les vaisseaux, tache les doigts en brun rouge et garde à l'air sa teinte foncée.

Les viandes d'animaux atteints de charbon symptomatique dégagent une odeur de beurre rance ; leur tissu offre l'aspect de la viande bouillie et l'on y rencontre parfois des tumeurs caractéristiques.

Le rouget, maladie spéciale au porc, se reconnaît à des plaques rougeâtres sur la peau.

La peau, le lard, le tissu cellulaire se montrent teintés en rouge vif; les ganglions lymphatiques sont noirs ; le reste des lésions rappelle les viandes asphyxiques.

5° *Viandes parasitaires*. — Parmi les viandes parasitaires, ne sont rigoureusement refusées que celles provenant d'animaux atteints de ladrerie ou de trichinose.

La ladrerie du porc se manifeste principalement par la présence, sous la muqueuse linguale, de vésicules. Ces vésicules peuvent se trouver également dans les muscles du cou, du sternum et des côtes, dans le diaphragme, dans le cœur et surtout sur l'intestin. Le tissu musculaire donne à la coupe un aspect caractéristique.

Le bœuf peut être atteint de ladrerie. Les cysticerques se rencontrent, comme chez le porc, dans le voisinage de la langue. On les retrouve fréquemment aussi dans le larynx, le masseter, le cœur, le diaphragme, les lombes, les cuisses et les épaules où ils s'enkystent rapidement. La trichinose du porc peut envahir tous les muscles. Mais elle se présente le plus souvent sous forme de kystes larvaires dans le lard, le diaphragme, les filets, le larynx et la muqueuse intestinale.

6° *Viandes putréfiées et phosphorescentes*. — Les caractères différentiels des viandes putréfiées sont assez manifestes et l'odeur qu'elles dégagent assez désagréable pour qu'il soit inutile d'insister.

Quelques altérations de même nature, auxquelles il convient de rattacher les viandes phosphorescentes, sont cependant assez peu apparentes quelquefois pour qu'il soit nécessaire d'appeler l'attention sur elles, attendu qu'elles sont tout aussi dangereuses.

La viande se décolore, ternit, devient brunâtre et se recouvre ensuite d'une couche grisâtre à odeur fade de relent.

Dans le cas de traumatisme, les morceaux de viande provenant des parties lésées doivent être éliminés.

Pendant les fortes chaleurs de l'été, les viandes sont rapidement altérées par les œufs que les mouches y viennent déposer. Ces viandes doivent être écartées.

Signé : A. Mercier.

Paris, le 14 janvier 1895.

Collationné : Herbinet.   *Certifié :* F. Prieur.

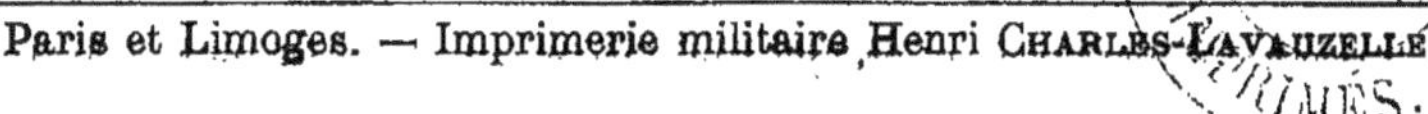

Paris et Limoges. — Imprimerie militaire Henri Charles-Lavauzelle.

Paris et Limoges. — Imprimerie militaire Henri CHARLES-LAVAUZELLE.

www.ingramcontent.com/pod-product-compliance
Lightning Source LLC
LaVergne TN
LVHW011040050726
842519LV00004B/1462